ÉMIGRANTS A LA RECHERCHE D'UN DOMAINE.

# LES DERNIERS PEAUX-ROUGES

## I

Remontons à une quarantaine d'années, vers 1860. Les Nord-Américains voyaient alors dans le Far-West le centre futur de leur Union. Ce Far-West était un territoire indéterminé, dont le nom indiquait l'orientation, et où commençait à s'établir une race jeune, active, énergique, avant tout adonnée au déboisement, au défrichement, entrant courageusement en lutte avec la nature, c'est-à-dire avec la forêt ennemie et les hautes herbes perfides. Exempte des vices du Sud esclavagiste et du Nord déjà poussé aux spéculations mercantiles à outrance, cette race aurait, croyait-on, les forces et les qualités nécessaires pour fonder la grande république sur des bases nouvelles, cimentées par le travail et la foi en un même but. Le Far-West attirait les enthousiastes et les chercheurs de fortune. Ceux qui avaient pénétré dans ces régions, à cette époque très éloignées de toute civilisation, en faisaient un magnifique tableau : des plaines à perte de vue, coupées par des bouquets d'arbres offrant l'aspect d'un parc ; une végétation luxuriante ; une faune non moins riche que la flore ; un sol vierge attendant la semence et promettant la fertilité ; des irrigations naturelles multipliées avec prodigalité ; des gisements de métaux, de charbon, de sel ; des productions de tout genre faisant présager la prospérité économique ; un climat sain ; un accès facile grâce aux cours d'eau.

La réalité différait assurément du rêve, mais celui-ci était si séduisant qu'il ne cessait de tenter les imaginations et les audaces. Aussi lisait-on avec avidité les ouvrages de Hale et de Greene, qui avaient paru quelque temps auparavant, le premier à Berlin en 1854, le second à New-York en 1856, et qui s'occupaient spécialement du Kansas et du Nebraska, où se trouvait ce moderne Paradis terrestre.

Le Kansas avait jusqu'en 1854 fait partie du pays situé au nord du Texas et à l'ouest des Montagnes Rocheuses; la France l'avait vendu aux États-Unis en 1803. Le nom n'existait pas encore en 1850 sur les meilleures cartes de géographie. Il n'y figura que lorsque le congrès, par l'acte du 30 mai 1854 mettant fin aux négociations et aux discussions poursuivies depuis 1845, eut divisé ces réserves emprises sur les Indiens, entre le 37e et le 48e degré de latitude nord, en deux territoires : le Nebraska et le Kansas. Ce dernier, comme il arrive pour tous les États naissants dans le Nouveau Monde, ne reçut à ce moment que des bornes indécises susceptibles de modifications. Il était provisoirement limité à l'ouest par l'Utah et le Nouveau-Mexique, au nord par le Nebraska, à l'est par le Missouri, au sud par les Indiens. Sa superficie s'évaluait à 81 millions d'acres (l'acre valant de 40 à 41 ares). Tout ce vaste tenant, presque sans hauteurs (car la chaîne des Montagnes Rocheuses n'a que des ramifications insignifiantes de ce côté), appartient à peu près exclusivement au bassin du Missouri, où se déverse le Kansas, qui donna son nom au territoire, devenu depuis État.

Il est intéressant de relire les descriptions que fait Greene de cette Terre Promise. Les sous-titres de son ouvrage ont tout le charme captieux d'un prospectus d'excursions : « La région du Kansas, forêt, prairie, désert, montagne, vallée, rivières et fleuve, site, climat, productions, aptitudes du sol, ressources commerciales, avec incidents de voyages et anecdotes propres à faire connaître les Peaux-Rouges et leurs mœurs; en outre, les indications des routes, les conseils aux pionniers et des tracés graphiques des localités les plus favorables aux établissements. » Et, pour stimuler davantage les émigrants, l'auteur, rivalisant avec Chateaubriand, montre toutes les beautés de ces rives du Missouri, les plus merveilleuses alluvions que l'on puisse souhaiter. Elles sont couvertes, sur plusieurs lieues de parcours, d'herbes si hautes qu'un homme à cheval ne peut pas regarder par-dessus, et au milieu se dressent des ormes et des peupliers : telle, dans le désert, un oasis sans fin.

Greene s'extasie sur les conditions sans égales de cette Arcadie américaine de l'avenir, comme il l'appelle. Il la partage en districts qui ont chacun leurs propriétés et leurs vertus : celui-ci invitant les colons qui veulent se livrer à l'élève des troupeaux ; celui-là créé, l'on dirait exprès, pour les moissons de céréales. L'un de ces districts, entre les Collines Noires (Black Hills) et les Montagnes Rocheuses, a tout l'agrément des paysages suisses : sources fraîches, verdures dévalant des rochers qui surplombent, vallées chaudes et jolies, prairies émaillées de fleurs et encadrées d'une verdure de cèdres et de noyers. Non-seulement le climat est salubre, mais il fortifie. Les vents qui descendent, en se jouant, les pentes douces purifient l'air en abaissant par degrés la température. Le sol, généreux à la surface, recèle des trésors dans son sein : charbon, fer, plomb, cuivre, argent, peut-être même de l'or. Ce qui vaut mieux pour l'utilité générale, ce sont les marais salins, plis, bas-fonds, creux et combes emplis de sel pareil à une couche de neige. Les buffles y viennent lécher ce sel par milliers, et le chasseur à l'affût peut ainsi faire leur capture.

Ces attractions, embellies par la poésie, étaient trop grandes pour ne pas décider les Américains à organiser un *rush* (une course en masse) vers le Kansas. En 1860, des sociétés se formèrent à Boston, surtout en vue de faciliter l'émigration. New-York s'associa très chaleureusement à cet élan et à cette propagande. Au fond, les États du Nord voyaient principalement dans la formation d'un nouveau territoire le moyen de gagner un certain nombre de suffrages à leurs projets abolitionnistes.

## II

Les statistiques de 1850 accusaient un total d'environ un demi-million d'Indiens libres disséminés dans les prairies entre le Missouri et les

CARTE DE L'OKLAHOMA.

Montagnes Rocheuses; c'était le quart de la race des Peaux-Rouges. Parmi ces tribus de « *Red Skins* », la plus importante comme chiffre était celle des Sioux du Dakota, que l'on pouvait évaluer à 50,000. Ils avaient conservé l'indépendance, dont ni les Anglais ni les Français n'étaient, pendant les guerres du dix-huitième siècle, jamais parvenus à les dépouiller. Répandus sur un domaine aussi grand que la France, l'Angleterre et l'Allemagne réunies, ils avaient fièrement résisté aux invasions et aux empiètements des États-Unis, qui ne signaient avec eux des traités que pour les violer. La guerre qui en résulta dura plus de huit ans. Les Sioux, pour se venger de la mauvaise foi pratiquée à leur égard sans vergogne, ne donnaient point de relâche aux colons (*settlers*), qu'ils massacraient chaque fois qu'ils pouvaient les surprendre. Voulant mettre fin à leurs pillages, le gouvernement américain envoya contre eux le général Harney, qui les défit. Cependant on ne leur fit pas expier trop cruellement leurs actes de brigandage, et un nouveau traité (1868) leur concéda à perpétuité, comme réserve inviolable, tout le Dakota, compris entre le Missouri à l'ouest et le 46e degré de latitude au sud.

A New-York, à Boston, à Washington, tout le monde savait bien que cette convention était *a priori* virtuellement caduque. Le flot des émigrants ne tarderait pas à renverser les barrières qui défendaient l'enceinte réservée aux Sioux. Autour d'eux vinrent s'établir des fermes, se grouper des villages : Rapid-City, Pierre-City, Bismarck-City, Mandan, etc. Les esprits entreprenants eûrent même un jour l'idée de faire traverser le Dakota par un chemin de fer. C'était une violation flagrante du traité signé par le général Harney. Les Sioux protestèrent à main armée; mais que pouvaient-ils contre la poussée, d'autant plus irrésistible qu'on venait de découvrir des mines d'or dans les Black-Hills? Ils comprirent assez vite qu'ils succomberaient fatalement dans le conflit.

— Donnez-nous de l'argent, dirent-ils aux Américains, nous irons chercher des territoires de chasse ailleurs

Ils réclamaient 250 millions. On leur répondit que la force déciderait du droit. Ils acceptèrent la guerre. Elle fut longue, acharnée, et leur chef, *Sitting Bull* (le Taureau assis), y fit preuve d'un véritable génie de stratégiste. Au bout de cinq ans d'héroïque défense, Sitting Bull attira dans un défilé le général Custer, envoyé contre lui, et le massacra avec son escorte. Aussitôt les Américains usèrent de représailles. Le grand chef des Sioux dut chercher un refuge au Canada. Il ne revint dans son pays qu'en 1881 pour signer un arrangement pacifique avec les États-Unis; mais il était convaincu que les nouvelles promesses des Américains étaient aussi mensongères que les précédentes. Cette conviction ne fut pas démentie par les événements. Les Sioux et les autres Peaux-Rouges se virent le jouet d'une infâme comédie. On s'était engagé à les nourrir dans leurs réserves en stipulant pour chaque bouche une ration suffisante. Dupes de leur confiance, ils eurent bientôt à souffrir la faim. Le Dakota traversa une crise à laquelle il ne pouvait y avoir qu'une issue fatale. On voulait contraindre les Indiens, par ce système, à vendre leurs terres ou à se révolter pour qu'il y eût une occasion et un prétexte de les exterminer. Ils se préparèrent au combat. Et ce fut une guerre sainte, prêchée par un Messie mystérieux, qui se prétendait le représentant du Grand-Esprit et qui proclamait l'insurrection légitime et sacrée. Sitting Bull reprit le commandement des Peaux-Rouges. Il les arma de fusils et de revolvers, les disciplina et les conduisit à la victoire.

Les États-Unis s'émurent de ces succès et créèrent un corps d'éclaireurs, joignant l'espionnage à la hardiesse. Ces éclaireurs (*scouts*), recrutés parmi les Indiens transfuges, étaient secondés par d'autres Peaux-Rouges qui razziaient à la fois sur les domaines des blancs et sur ceux des Indiens. C'était en 1890. Les Américains, faisant appel à tous les auxiliaires, enrôlèrent pour leur cause tous ceux qui s'offraient. Buffalo-Bill, à qui ses représentations à Paris lors de l'Exposition universelle de 1889 avaient fait une renommée de chef des Cow-Boys, et qui s'était depuis longtemps ménagé des intelligences avec les Peaux-Rouges, dont plusieurs faisaient partie de sa troupe, accepta le commandement d'une partie des *scouts*.

Les campements des Sioux furent cernés; Sitting Bull tomba aux mains des vainqueurs, qui le firent périr avec son fils et ses meilleurs soldats. Cependant la campagne n'était pas finie. Les *scouts* guidèrent le général Forsyth, qui enveloppa les Peaux-Rouges à Cherry-Creek et les mitrailla. Tous, à l'exception de six enfants, furent détruits. Il ne survécut de la tribu que ceux qui n'avaient pas pris part à cette bataille. Les journaux américains les plus modérés appelèrent l'affaire de Cherry-Creek une véritable boucherie, et Forsyth fut destitué. Le général Miles, qui le remplaça, força les derniers Peaux-Rouges à capituler en janvier 1891.

## III

Devant cette marche de la civilisation comme la comprennent les Yankees, les Indiens disparaissent, décimés par la guerre, les maladies, l'alcoolisme, un des moyens de les supprimer. L'eau de feu, whisky, brandy, introduite chez eux, les tue plus sûrement que les balles d'un fusil. Leur population totale était, il y a cinquante ans, de plus de deux millions d'individus; elle est tombée au-dessous de cinq cent mille, et elle diminue chaque année. Le contact avec la race blanche, partout où il a lieu, est un arrêt de mort pour la race rouge ou cuivrée (1). Il n'y a pour celle-ci qu'un seul salut possible : renoncer à ses coutumes et à ses mœurs, à la vie nomade, pour adopter les usages des blancs, se mettre au service de ces derniers, et devenir comme eux pasteurs, agriculteurs et sédentaires. Quelques tribus indiennes, Iroquois, Cherokees, Creeks, Chactas, Seminoles, ont consenti à cette abjuration de leurs habitudes, de leur mode d'existence, et, sacrifiant le passé au présent, se sont même converties à la religion de leurs vainqueurs. Les deux races mêlant leur sang, il en est résulté des métis qui n'auront bientôt plus de leurs origines que la couleur distinctive de leur individualité ethnique. Aussi le vrai Peau-Rouge en arrive progressivement à n'être qu'un mythe. Il y en a peu, très peu, et de moins en moins, qui sont restés fidèles à la vie sauvage. Le bison, qui faisait autrefois toute leur nourriture et qui leur fournissait en même temps leurs vêtements de peau, est presque entièrement exterminé comme ils le furent eux-mêmes (2). Les scènes de pillage, de dévastation, de tortures infligées aux prisonniers au milieu des

(1) Les Indiens Pawnies et ceux des prairies ont la peau bistrée, rougeâtre ; de là leur dénomination de Peaux-Rouges et de race « cuivrée » donnée par les ethnologistes, par opposition aux noms de race blanche, jaune, noire. Les autres caractères physiques de la race rouge (nom vulgaire) sont d'avoir les cheveux noirs, droits, raides, le nez aquilin, les pommettes souvent un peu saillantes, les yeux quelquefois bridés comme la race jaune, la lèvre fine, les extrémités des membres très déliées. (L. Simonin, *L'homme américain.*)

(2) L'Indien, à l'état sauvage, tire du buffalo ou bison sa nourriture, son vêtement. Aussi suit-il l'animal dans ses immigrations du nord au sud, et remonte-t-il avec lui du sud au nord. Le dicton des plaines est le suivant « Là où est le bison, là est l'Indien. » A mesure que l'animal disparaît devant la marche sans cesse envahissante de la colonisation, le Peau-Rouge disparaît aussi. Un des grands regrets de l'Indien est de voir les blancs chasser cet animal par simple amusement. « Est-ce que les Visages pâles seraient devenus fous, disait un grand sachem (vieillard assistant au conseil de la tribu), aux commissaires de l'Union, qu'ils chassent le bison pour le seul plaisir de le tuer et de le voir pourrir sur place tandis que nous mourons de faim ? » (L. Simonin.)

hurlements des *squaws* (femmes) et des *pappouses* (enfants) n'appartiennent déjà plus qu'à la légende. Les guerres acharnées faites autrefois par une tribu à l'autre pour un troupeau de bisons, pour un campement dans la prairie, ne se revoient que dans quelques romans imités de Cooper. Les blancs, colons, pionniers, trappeurs, marchands, envahissent d'étape en étape les champs de chasse des Indiens, et quand ceux-ci refusent de leur faire place, de vendre leurs terres au gouvernement, de se cantonner où on les parque, de laisser catéchiser, prêcher et baptiser leurs enfants par les missionnaires, on use contre eux de la raison du plus fort. La civilisation, qui les pénètre malgré eux, les affaiblit non-seulement quant au nombre, mais aussi quant au caractère. Ils voient leurs prairies sillonnées par des routes et des chemins de fer, que bordent des poteaux télégraphiques ; ils assistent à la prise de possession de tout ce qui leur parlait encore de leurs aïeux, et, se sentant abandonnés par le Grand-Esprit lui-même qui les déserte, ils se résignent ou meurent (1). Des villes se construisent là où ils dansaient jadis autour du poteau du supplice, et dans ces villes s'élèvent des monuments où siège la loi qui les plie sous son joug, des casernes et des forts où sont réunis des soldats qui les tiennent en respect.

Charles SIMOND.

(1) Les Américains ont mis en pratique leur maxime : *Go ahead* (aller de l'avant), la civilisation, qui les mène, les autorisant, suivant eux, à déblayer tous les obstacles qu'elle peut rencontrer. Ils ont occupé le pays des Peaux-Rouges en alléguant que les trésors de la terre, mines, etc., ne doivent pas rester inexploités, que pour mettre les mines et les carrières en exploitation, il faut avoir des routes, que les besoins modernes exigent des usines autant que des écoles, et qu'enfin la sauvegarde des institutions nouvelles réclame la vigilance de la police pour maintenir l'ordre, et de l'armée pour imposer, le cas échéant, la volonté des gouvernants. Ils ont dit aux tribus : « Nous sommes, par la force des choses, dans la nécessité d'exproprier vos chasses, nous vous les achetons, en vous laissant la partie que vous vous réserverez. Sur ces réserves nous vous bâtirons des maisons, des fermes, des forges, des moulins, des scieries, etc., nous vous donnerons des instruments de travail et de labour qui vous permettront de gagner votre vie quand le bison aura disparu, et en attendant que vous puissiez disposer de ce gain, nous enverrons chez vous des agents qui pourvoiront à vos moyens d'existence. » Ces promesses et ces engagements étaient de nature à séduire et à convaincre ces tribus confiantes et crédules. Mais les réserves indiennes sont devenues, sous tous les rapports, des enfers pour les Peaux-Rouges. Les agents qui y sont préposés s'y enrichissent aux dépens des Indiens lésés et du gouvernement trompé. (C. S.)

UNE RUE A GUTHRIE (TERRITOIRE DE L'OKLAHOMA).

# L'OKLAHOMA (1)

## I

### LA DIVERSITÉ DES TYPES

Parmi les territoires récemment ouverts à la colonisation, un de ceux qui ont le plus attiré l'attention publique est l'Oklahoma, petite contrée enclavée au milieu des réserves indiennes, à cinquante milles environ de la frontière méridionale du Kansas. Curieux de voir par moi-même un pays bien authentiquement neuf, je m'étais promis de visiter celui-là, et le 23 avril 1890, un an et un jour après son ouverture, j'arrivais dans l'Oklahoma.

Le voyage n'offre d'ailleurs aucune difficulté matérielle : on prend son billet de chemin de fer pour Guthrie ou pour Oklahoma City, comme s'il s'agissait d'aller à Lyon ou à Bordeaux; seulement, en regardant au travers des glaces du wagon, le spectacle qu'on a sous les yeux reporte la pensée vers Fenimore Cooper plutôt que vers les campagnes de la France.

Très peu de temps après avoir passé à Arkansas City, on atteint

(1) Extrait, avec l'autorisation des éditeurs, de l'ouvrage intitulé *la Vie américaine*, par Paul DE ROUSIERS. (Paris, Firmin-Didot et Cie.)

la limite de la réserve des Cherokees, et toute trace de civilisation disparaît : la prairie, nue et légèrement ondulée, n'est plus coupée d'aucune barrière, ni égayée d'aucune habitation. Parfois, on aperçoit quelque troupeau de bestiaux que des Peaux-Rouges à cheval font paître pour le compte d'un colon du Kansas, puis la solitude recommence. Aussi loin que l'œil fouille l'horizon, il n'aperçoit jamais que l'éternelle prairie, si souvent et si justement comparée à la mer sans bornes.

Cependant, tout le long de la voie, un sentier très foulé marque la route des émigrants; des cadavres de chevaux, de mulets et de bestiaux gisent çà et là, abandonnés par les colons dont ils traînaient les chariots; on dirait un chemin de caravane.

On entre sans s'en apercevoir dans l'Oklahoma. A la première station située sur la nouvelle colonie, on aperçoit seulement un groupe de deux ou trois petites maisons élevées hâtivement aux environs de la gare; les plus élégantes sont en planches, d'autres consistent en cadres de bois sur lesquels on a tendu des pièces de toile, sortes de tentes carrées d'un aspect peu confortable : ce sont des magasins ou des auberges. Bientôt la campagne s'anime. Sur le bord d'un petit ruisseau, voici une maison de bois assez bien bâtie, soigneusement peinte, entourée d'un enclos fermé par des ronces artificielles et bien cultivé; un homme, le colon sans doute, se carre sur la porte pour voir passer le train. Il a l'air important d'un propriétaire campagnard, et toute sa personne semble exprimer l'aisance et le contentement. A côté de lui, d'autres installations plus provisoires sont occupées par des émigrants d'un autre genre. De misérables huttes en mottes de gazon (*sod-houses*) abritent la famille; le terrain occupé est simplement indiqué par quelques méchants piquets fichés en terre de loin en loin, et l'herbe de la prairie le recouvre encore. A la vue de ces contrastes qui se renouvellent à tout instant, on se dit que tous ces gens-là ne sont pas arrivés dans l'Oklahoma avec les mêmes projets : les uns veulent se fixer sur une terre avantageuse, s'installent aussi bien qu'ils le peuvent, mettent la main à la charrue et retournent courageusement le gazon, pour se créer un domaine de culture; les autres cherchent surtout à spéculer, s'assurent la propriété d'un lot en y résidant pendant le temps exigé, puis le vendent à quelque nouvel arrivant.

C'est du reste ce que m'expliquent mes compagnons de route, et, aussitôt débarqué à Guthrie, je vois leur explication se confirmer par la diversité des types que je rencontre. Le premier flot qui envahit un territoire nouvellement ouvert se compose des éléments les plus hétérogènes; je vais présenter à mes lecteurs quelques-unes des variétés qui s'y trouvent, afin qu'ils puissent en juger par eux-mêmes.

Tout d'abord, il y a celle des simples aventuriers, qui se précipitent au milieu de la cohue, sans savoir au juste ce qu'ils vont y faire, mais soutenus par l'espoir d'un heureux hasard, d'un *bon coup* qui leur livrera la fortune : mon hôtelier de Guthrie appartenait à cette variété. C'était un des hommes les plus loquaces qu'on pût voir, et je n'eus pas la peine de lui demander son histoire pour en connaître tous les détails; son bavardage m'intéressait beaucoup, d'ailleurs, parce qu'il avait vécu dans tous les pays du monde et constituait un curieux échantillon de bohème vagabond. Sa patrie d'origine était la Transylvanie; embarqué à je ne sais

LA LUMIÈRE ÉLECTRIQUE A GUTHRIE.

quel titre sur un bâtiment autrichien, il était venu en Australie, y avait fait la cuisine, était rentré en Europe, puis revenu dans le Pacifique, mais en Amérique, cette fois; de la côte du Pacifique, il avait passé à celle de l'Atlantique, puis avait envahi l'Oklahoma dès le mois d'avril 1889. Entre temps, il s'était marié à une grosse Allemande, qui allait et venait dans l'hôtel d'un air empressé. Son admiration pour les institutions américaines me parut faible; il leur préférait infiniment les gouvernements de l'Europe et aurait volontiers échangé son lot de terrain et son hôtel de bois et de zinc contre un appartement à Paris ou à Vienne. Paris, qu'il connaissait par une courte visite, le séduisait tout particulièrement, et ce qui dans Paris l'attirait le plus, c'était le bal Mabille, dont il prononçait le nom d'une manière fort étrange, mais avec un souvenir reconnaissant; je pus constater, d'ailleurs, qu'il se tenait au courant de nos chefs-d'œuvre, car, un soir que je m'étais couché de bonne heure pour réparer les fatigues d'une journée bien remplie, je fus troublé dans mon sommeil par un piano discordant, tapé d'une main ferme, qui apportait à mes oreilles la mélodie connue à laquelle un de nos généraux a dû sa célébrité et donné son nom. J'avais bien envie de dormir, mais l'idée de trouver *En revenant de la revue* au bout d'un voyage dans le Territoire indien me parut tellement drôle que je ne pensai pas à regretter ce contretemps.

Un autre type bien curieux, c'était un soi-disant architecte, né dans le Palatinat, grand chasseur, socialiste convaincu et surtout ennemi des Jésuites; il était arrivé dans l'Oklahoma, me dit-il, avec 25 dollars dans sa poche, rêvait de construire Guthrie en pierres et en briques, prophétisait que les terrains y prendraient sous peu une valeur surprenante et, en attendant d'être millionnaire, empruntait des cigares à l'hôtelier. Ses histoires de chasse étaient merveilleuses : il avait guetté l'ours gris dans les montagnes Rocheuses, tué des lynx, des buffaloes, des antilopes en quantité prodigieuse et gagné sa vie pendant plusieurs mois en vendant des cailles et des poules de prairie. Il avait aussi nettoyé des locomotives à un dollar par jour, construit des ponts de chemin de fer pour la Compagnie du Missouri Pacific et fait des conférences contre le capitalisme.

A côté de la variété des aventuriers, il y a celle des spéculateurs, au premier rang desquels se placent les *land agents*. Le *land agent* est un individu pourvu de quelques capitaux, qui achète des lots de terrain à ceux qui s'en sont assuré la possession et les revend à d'autres colons venus plus tard ou peu satisfaits de la terre qu'ils ont prise. Dans une des rues de Guthrie j'aperçois un émigrant, dans son chariot recouvert d'une bâche en toile; le chariot est traîné par une bonne paire de chevaux, et une vache est attachée à l'arrière; ce sont là des signes d'aisance chez un émigrant, et ils n'ont pas échappé aux yeux perspicaces des *land agents* de Guthrie, car en voilà un qui s'approche et propose un marché, sans attendre que l'équipage se soit arrêté. Il ne faut pas laisser l'occasion s'échapper.

En effet, les lots à prendre sont encore nombreux. Tous les gens qui se sont précipités, au moment de l'ouverture du territoire, pour s'emparer des 64 hectares que la loi fédérale reconnaît au premier occupant, n'étaient pas des colons sérieux. Beaucoup voulaient simplement s'assurer un droit de propriété au moyen d'un séjour de six mois, puis céder ce droit contre espèces sonnantes. Le *land agent* leur facilite l'opération en achetant leur *claim*, mais il en a plusieurs sur les bras et cherche à s'en défaire le plus vite possible; c'est pour cela qu'il pratique dans les rues de Guthrie la course à l'émigrant.

L'existence du *land agent* nous révèle celle d'un spéculateur plus modeste, de l'individu qui prend un *claim* pour le revendre, non pour le cultiver. J'ai connu dans une petite ville de l'Ouest un groupe de Français qui s'en étaient allés vivre pendant six mois d'été sur les prairies du Kansas occidental, dans un pays absolument inhabité, pour y acquérir des terres. Au bout de ce temps-là ils étaient rentrés chez eux avec l'espoir que de vrais colons viendraient s'établir dans le voisinage de leurs terres et leur donneraient ainsi une plus-value considérable. L'un d'eux avait réalisé assez rapidement un très modeste bénéfice; les autres attendaient la hausse, les deux mains dans leurs poches, comme de vrais rentiers. Peut-être viendra-t-elle un jour, mais assurément le pays ne leur devra aucune reconnaissance. Ils n'ont pas augmenté sa richesse, ils se sont simplement mis en mesure de profiter de sa richesse éventuelle. Comme le *land agent*, ils comptent sur le colon.

Au fond, tout le monde met son espoir dans le colon, qui cultivera la terre, lui fera produire du blé ou du maïs, élèvera des bestiaux et transformera le pays. Cela est vrai dans l'Oklahoma comme dans toutes les contrées encore vierges des États-Unis. Les aventuriers et les spéculateurs ne peuvent y vivre que si d'autres travaillent. Eux, ne sont que des parasites. Ce ne sont pas eux qui ouvrent le territoire, c'est le colon.

C'est donc le colon qu'il faut voir. Mais lui aussi offre une série de types divers, suivant ses origines, suivant ses goûts et sa capacité. Tantôt il arrive en groupes compacts, tantôt il s'installe isolément; tantôt c'est un pauvre hère sans sou ni maille, tantôt un capitaliste important. Tous contribuent à la prospérité du pays, mais ils y contribuent d'une manière différente. Il faut donc les observer séparément.

## II

### LES COLONS QUI COLONISENT.

Je n'ai pas rencontré dans l'Oklahoma d'émigrants venus en groupes constitués d'avance, mais il y a, dans quelques États de l'Ouest, des régions entièrement peuplées de familles de même nationalité et liées les unes aux autres par des attaches plus ou moins fortes. L'exemple le plus frappant que j'aie relevé est celui d'un essaim de Ménonites établis près de Hillsboro, dans le Kansas.

Ces Ménonites, se refusant par principe religieux au service militaire, ont dû quitter l'Allemagne, vers la fin du dix-huitième siècle, pour se réfugier en Russie. Là encore, un ukase récent les a soumis à la loi commune de la conscription, et c'est pour échapper à cette contrainte qu'ils sont venus au Kansas.

Après quatre-vingts ans de séjour en Russie et quatorze ans passés au Kansas, les Ménonites ne parlent ni le russe ni l'anglais, mais l'allemand, leur idiome d'origine; faute de connaître cette langue, je fus donc obligé de me procurer un interprète à Hillsboro pour causer avec V..., le ministre de la religion ménonite, auquel on m'avait adressé. Flanqué de cet interprète — un jeune épicier allemand — et de quelques amis, j'arrivai donc un matin vers dix heures à la ferme de V... Pendant que nous attachions nos che-

BOUTIQUES A GUTHRIE.

vaux à un piquet, suivant l'usage ordinaire, V... vint nous serrer la main et s'enquérir du but de notre visite. C'était un homme d'une quarantaine d'années, un peu fort, à la figure bienveillante. Sa longue barbe, son bonnet de fourrures et son épaisse chevelure lui donnaient l'air d'un paysan russe; rien dans son costume n'annonçait du reste sa fonction de ministre, mais son aspect calme, digne et pacifique, tranchait fortement avec celui des Américains qui m'accompagnaient. Il me semblait avoir devant les yeux un de ces *Father Pilgrims* qui débarquèrent jadis à New-Plymouth, cherchant une terre déserte pour s'y établir à l'abri de la contagion corruptrice des sectes étrangères; évidemment cet homme n'était pas venu au Kansas pour se créer une situation, comme la plupart des émigrants qui s'y rendent, mais simplement pour y vivre selon sa foi religieuse, sans ambition et sans agitation.

ÉMIGRANTS EN ROUTE VERS L'OKLAHOMA.

La ferme sur laquelle nous le voyons installé n'a que 64 hectares, comme le *claim* accordé à l'émigrant, mais il l'a achetée à la compagnie du chemin de fer Santa-Fé, ainsi que les autres Ménonites arrivés avec lui. « Nous tenions à être tous ensemble, me dit-il, et il n'était pas facile de trouver sur les terres du gouvernement un espace libre assez étendu pour que chacun de nous y prît ses 64 hectares; mais le chemin de fer possédait des terrains considérables et nous les a cédés dans les conditions les plus avantageuses. » C'était, en effet, pour le *Santa-Fé Railroad*, une vraie bonne fortune que cette installation en bloc de 4,000 agriculteurs dans le voisinage de sa ligne, et on comprend qu'il leur fournît toutes les facilités possibles. Beaucoup n'avaient pas de quoi payer leur domaine, ayant réalisé tout ce qu'ils possédaient en Russie pour subvenir à leurs frais de voyage, mais ils offraient une sûreté spéciale à la compagnie par suite de la curieuse organisation qui les rend tous solidaires les uns des autres. V... m'explique, en effet, que toute *église* forme une sorte de société dont chaque membre est responsable des dettes de tous les autres. En faisant crédit à une seule famille, le *Santa-Fé* voyait donc sa créance garantie par une dizaine d'autres. En plus, tous ces Ménonites, habitués à la culture dès leur enfance, étaient des colons sérieux, et non des aventuriers quelconques, heureux de mettre l'Atlantique entre eux et leurs créanciers.

Voilà des gens qui ont bien réellement peuplé et mis en valeur une contrée déserte, mais leur cas est rare, car on ne trouve pas tous les jours une population disposée à fuir en masse la patrie qu'elle habite, pour s'installer dans les solitudes du Far-West. Ce n'est pas un fait sans précédent en Amérique. Les Puritains de la Nouvelle-Angleterre au dix-septième siècle, les Mormons au dix-neuvième, ont fondé dans un esprit semblable des groupes importants, mais le fait ordinaire et dominant consiste dans l'émigration individuelle. Dans l'Oklahoma je n'en ai pas rencontré d'autre.

En général, ce sont des Américains, des Allemands du Nord, ou des Scandinaves, qui s'en vont ainsi s'établir isolément sur 64 hectares de prairie. Les Américains envahissent de préférence les territoires absolument neufs; ce sont eux qui se sont jetés sur l'Oklahoma comme sur une proie, tandis que des millions d'hectares restent vacants dans des États créés depuis plusieurs années. Dans les environs de Guthrie, je vois un Californien et sa femme qui ont franchi les montagnes Rocheuses pour chercher fortune ici; sur le bord du petit jardin qu'ils ont labouré, devant la porte de leur cabane, une treille de muscat de Californie est déjà plantée; plus loin, c'est une vieille femme de l'Ohio venue dans son chariot avec son mari et quelques enfants encore jeunes; elle a franchi cette énorme distance pour essayer sa chance (*to try her luck*), et ne paraît pas se considérer comme une héroïne; son voyage a duré trois mois, c'est-à-dire que, pendant trois mois, elle a roulé dans son mauvais *wagon*, secouée à tous les cahots d'une route de prairie semée d'ornières, s'arrêtant le soir pour préparer un mauvais repas, et supportant les fatigues et les dangers d'une pareille entreprise pour trouver au bout de l'épreuve 64 hectares de prairie nue et la *sod-house* que son mari a construite.

Ce qu'il est intéressant de noter, c'est que cette femme ne semble pas réduite à la misère. A côté de sa hutte de mottes de gazon, je vois son chariot en bon état, deux chevaux, une vache. A l'intérieur, un lit assez primitif, il est vrai, recouvert de draps parfaitement propres. Elle aurait pu vivre sans tenter ce pénible voyage, mais elle a préféré le risquer dans l'espoir de profiter des avantages de l'Oklahoma, pour devenir propriétaire d'un domaine indépendant. Ce n'est pas une nécessité pressante qui paraît l'avoir chassée de l'Ohio, mais le désir de s'élever.

Les pays neufs ne sont pas d'ailleurs uniquement peuplés d'émigrants pauvres; l'esprit d'entreprise qui anime tous les Américains les pousse vers les territoires nouvellement ouverts, et c'est même sous la pression exercée par des hommes riches et puissants que ces territoires sont successivement enlevés aux Réserves indiennes.

C'est en particulier ce qui a eu lieu pour l'Oklahoma : le gouvernement fédéral n'avait aucune envie d'acheter aux tribus qui l'occupaient cette petite enclave, éloignée de tout État constitué; il a dû s'y résigner cependant, par suite de l'extraordinaire persévérance que quelques citoyens du Kansas ont apportée dans cette affaire. Celui qui a le plus contribué au résultat désiré était un certain capitaine Couch, que l'on enterrait précisément pendant mon séjour à Guthrie, et dont l'histoire faisait l'objet de toutes les conversations. Je la rapporte ici, parce qu'elle dépeint d'une manière très exacte le type du colon éminent, de l'homme qui ouvre un territoire.

Le capitaine Couch n'était pas, comme son titre pourrait le faire croire, un officier de l'armée américaine; on l'appelait « capitaine », soit qu'il eût acquis ce grade dans quelque milice locale, soit par simple courtoisie, parce qu'il commandait en fait à un certain nombre d'hommes rangés volontairement sous son autorité.

Il est difficile, d'ailleurs, de dire à quelle profession il appartenait. Comme beaucoup d'Américains, comme la plupart des gens de l'Ouest, il avait excercé successivement plusieurs métiers, suivant que les circonstances l'y poussaient.

Ainsi, nous le trouvons à vingt et un ans, en 1871, marié et installé comme *farmer* sur les terres d'Osage City, dans le Kansas. Il y était venu l'année d'avant, après avoir quitté ses parents, établis dans le comté de Johnson et originaire de la Caroline du Nord. En 1876, l'idée lui vint d'aller plus à l'ouest, et il débarqua avec sa famille à Wichita, petite ville alors naissante, aujourd'hui pleine de vie. Là, il entreprit un commerce de bestiaux qui lui donna rapidement de gros bénéfices. Encouragé par ce succès, il monta une épicerie et un magasin de quincaillerie; mais, loin de se laisser absorber par sa mélasse et ses chaudrons, il trouvait moyen en même temps de se créer dans le voisinage une propriété rurale de 560 hectares.

Cette prospérité déclina tout à coup en 1881, à la suite d'affaires dans lesquelles Couch fut victime de son obligeance vis-à-vis de ses amis. Forcé de liquider, il fit face à toutes ses obligations,

CAMPEMENT D'ÉMIGRANTS A GUTHRIE.

retourna sur sa ferme primitive et se remit bientôt à gagner de l'argent en vendant des chevaux du Texas.

Mais il s'était lié, pendant son séjour à Wichita, avec le capitaine Payne et lui avait même fourni, à différentes reprises, un secours financier pour l'organisation d'une colonie dans l'Oklahoma. En 1883, il fit plus et prit part en personne à la tentative d'établissement dirigée par Payne. La petite troupe qu'ils avaient réunie comptait six cents hommes. Payne exerçait le commandement, et Couch avait la charge des voitures, au nombre de cent dix-neuf; on le voit, il s'agissait d'une véritable expédition. Déjà la jeune colonie avait choisi un emplacement sur la branche septentrionale de la rivière Canadienne, quand le capitaine Carroll, du neuvième escadron de cavalerie, — un véritable officier, celui-là, — coupa

ASPECT D'UNE GARE IMPORTANTE DANS LE FAR-WEST.

court à ses destinées en reconduisant toute la troupe à la frontière du Kansas, avec injonction de ne plus la franchir désormais.

Il faut dire que le gouvernement fédéral emploie souvent son armée à défendre les Indiens contre les envahissements des Américains. Il fait respecter les règlements qui interdisent le séjour des Réserves indiennes à tout autre qu'aux indigènes, et nous allons voir que ce n'est pas toujours sans peine.

L'expédition dont nous venons de parler avait eu lieu au mois de février ; en août, Payne et Couch en organisèrent une nouvelle à Arkansas City, la ville la plus proche de la frontière; cette fois, Couch entra dans le Territoire indien avec deux cents hommes, tandis que Payne restait au Kansas, pour susciter un mouvement d'opinion en faveur de son entreprise. Il soutenait partout cette thèse, que la colonisation *de fait* entraînerait nécessairement la colonisation *de droit*, et qu'en s'installant dans l'Oklahoma on forcerait bien les pouvoirs publics à l'ouvrir ; bientôt cependant la cavalerie des États-Unis ramenait à la frontière Couch et ses deux cents hommes ; c'était à recommencer.

Cette fois, Couch essaya d'un nouveau plan. Prenant avec lui trente cavaliers d'élite, il entra hardiment dans l'Oklahoma et, pendant un mois, échappa aux poursuites de la troupe ; à la fin cependant on s'empara de lui et de ses compagnons, et, après les avoir enfermés quelques jours au fort Reno, on les conduisit au Texas, où on les relâcha.

L'année suivante, au printemps de 1884, six cents colons envahissaient l'Oklahoma, mais ils furent rapidement dispersés ; en mai, deux cents autres entraient à leur tour et s'établissaient sur la rivière Cimarron, à six milles environ au-dessous de Guthrie ; ceux-là encore furent conduits au fort Reno, mais on livra à la justice Couch et quatre autres des principaux meneurs. La cour les acquitta d'ailleurs, et, pendant que l'affaire se jugeait, Payne, suivi d'un grand nombre de colons, franchit la ligne, fut conduit au fort Smith, dans l'Arkansas, puis relâché.

En novembre de la même année, on avait décidé une nouvelle tentative, quand Payne vint à mourir. Couch lui rendit les derniers devoirs et, aussitôt après, se mit de nouveau en marche pour l'Oklahoma. Cette fois, il s'établit sur l'emplacement actuel de Stillwater et, encouragé par l'acquittement dont il avait été l'objet, résolut de prendre en face de la force armée une attitude nouvelle. En effet, lorsque le lieutenant Day, du neuvième escadron de cavalerie, vint lui ordonner de se rendre, il lui répondit par un simple refus, disant qu'il ne désobéissait à aucune loi, puisqu'il ne s'était pas trouvé de tribunal pour le condamner, et qu'en conséquence il résisterait à la violence par la violence. Devant ces paroles énergiques et les intentions belliqueuses de la bande qui accompagnait Couch, le lieutenant, qui ne se sentait pas en force, alla demander du renfort; mais l'armée des États-Unis ne compte en tout que vingt-cinq mille hommes; par suite, les garnisons sont petites, et il s'écoula un mois avant que le capitaine Hatch eût réuni et conduit à Stillwater les huit compagnies qu'il opposa à Couch. Même en face de ces forces supérieures, Couch refusa de capituler et se déclara prêt à engager la lutte; mais le capitaine Hatch, voulant éviter l'effusion du sang, coupa les vivres aux colons, et au bout de quelque temps la famine les obligea à regagner Arkansas City.

L'affaire de Stillwater causa dans tout le pays une émotion considérable. Couch fut de nouveau traduit devant la cour de justice et acquitté par elle; les réclamations des colons arrivèrent devant le congrès. et, en fin de compte, le président des États-Unis fut autorisé par une loi à engager des négociations avec les Indiens Séminoles, Creeks et Cherokes pour la cession de l'Oklahoma.

C'était un triomphe, et Couch le crut définitif; mais il avait encore bien des obstacles à surmonter pour arriver à ses fins. En effet, le président Cleveland ne paraissait nullement disposé à profiter de l'autorisation du congrès pour traiter les indigènes, et les colons, qui attendaient impatiemment à Arkansas City la déclaration d'ouverture, commençaient à perdre tout espoir.

Couch entreprit alors une campagne d'un nouveau genre. Sa hardiesse personnelle avait obtenu tout ce qu'elle pouvait obtenir; il se sentait fort de la sympathie générale; il s'agissait maintenant d'aboutir à une solution régulière en pesant sur les pouvoirs publics. Quittant donc le Kansas, il partit pour Washington, se fit présenter au président, au secrétaire de l'intérieur, et acquit la conviction de leur mauvais vouloir. Dès lors, il fallait obtenir du congrès un nouvel acte législatif pour triompher de ce mauvais vouloir: pendant quatre ans, Couch s'attela à cette besogne avec la même persévérance qu'il avait mise d'abord à envahir le Territoire indien, et c'est seulement en 1889 qu'il obtint l'adoption d'un bill pour la formation de l'Oklahoma.

Cette facilité à user successivement de tous les moyens nécessaires pour atteindre un but, quelque différents qu'ils soient, constitue un trait important des habitudes américaines. L'Américain typique est un être complexe, susceptible de vivre soit dans l'isolement d'un *settlement* perdu au milieu de la prairie, soit dans un hôtel contenant un millier de chambres, au centre d'une grande ville; nous nous rendrons mieux compte de cette singulière faculté quand nous aurons vu combien l'Américain vit isolé, même au milieu de la foule; notons seulement au passage que Couch possédait à un suprême degré cette complexité, cette souplesse d'habitudes. C'est, en effet, chose bien différente de courir à cheval dans les plaines de l'Oklahoma, avec la force armée à ses trousses, de camper à la belle étoile et de maintenir l'ordre dans une troupe d'aventuriers, ou bien de faire antichambre à la porte des ministres, d'acheter le député influent, en un mot de conduire une intrigue politique.

Aussitôt le bill passé, Couch quitta Washington, et, pour avoir une occasion d'entrer dans l'Oklahoma avant l'ouverture officielle, il se fit concéder par la compagnie du chemin de fer de Santa-Fé la pose d'une certaine étendue de rails aux environs d'Oklahoma City. De cette manière, il était assuré de pouvoir choisir un emplacement avantageux pour s'établir au moment où le Territoire serait déclaré ouvert, et la compagnie se faisait complice de cette petite fraude en retour du grand service que Couch lui rendait. Jusqu'alors, en effet, elle n'avait traversé que des réserves indiennes sur une très grande largeur, entre le Kansas et le Texas. La fondation d'une colonie dans l'Oklahoma fournissait à son trafic un nouvel élément et pouvait devenir pour elle une grosse source de profits.

Grâce à la raison particulière qu'il pouvait mettre en avant pour justifier sa présence dans l'Oklahoma, le capitaine Couch attendit donc patiemment le jour de l'ouverture, à proximité des terres qu'il avait choisies d'avance, et, le 22 avril 1889, à midi, il quittait en courant la voie de chemin de fer dont il dirigeait les travaux pour prendre matériellement possession d'un lot de terrain très bien situé.

Personne ne pouvait lui disputer le titre de premier occupant ; mais un certain Adams, prétendant que ce titre était vicié par la fraude dont Couch s'était rendu coupable, vint planter sa tente sur le même lot et en réclama la jouissance exclusive. Ce fut l'origine d'une longue querelle qui devait avoir pour Couch une issue fatale; un jour qu'il était occupé à clore son terrain, Adams déchargea sur lui les six canons de son revolver et lui fit plusieurs blessures, à la suite desquelles il succomba.

En me racontant cette sérieuse histoire, les colons de l'Oklahoma témoignaient d'une vive admiration pour ce caractère audacieux et calme tout à la fois, pour cette extraordinaire persévérance qui avait eu raison de tous les obstacles. Esprit inquiet et agité à la surface, Couch représentait bien ce qu'on appelle là-bas un *frontierman*, un homme des frontières, un pionnier, un fondateur en somme; c'était le type de ces Américains qui mènent à la recherche des terres nouvelles les plus hardis d'entre les colons. Des gens comme le ménage californien ou la veille femme de l'Ohio que nous avons rencontrés ne détermineraient pas à eux seuls l'ouverture d'un territoire.

## III

### LE DROIT DU PREMIER OCCUPANT.

La fin tragique du capitaine Couch nous amène à parler d'une difficulté spéciale que rencontrent sur leur chemin tous ceux qui envahissent un territoire nouveau. Je veux parler des contestations fréquentes qui naissent au sujet de la propriété des terres.

A Guthrie, elles ont causé peu de rixes sanglantes, à peine deux ou trois morts d'hommes, me dit un citoyen de la ville avec une satisfaction marquée, mais elles se manifestent de mille autres manières. Dans la rue, je lis l'affiche suivante:

« UNE CRISE »

« Voilà le moment d'agir contre les *Lot Jumpers* (mot à mot: contre les gens qui ont sauté sur les lots de terrain), contre ceux

LE MEILLEUR HOTEL DE GUTHRIE.

qui provoquent le désordre et causent notre ruine. Que tout citoyen confiant dans les droits de la propriété, ami de la loi et de l'ordre, vienne à l'Hôtel de ville de Guthrie, à sept heures et demie, ce soir, pour organiser la protection de la propriété honnête. »

Un monsieur, que j'avais rencontré le matin et qui me voit copier cette affiche sur mon carnet de voyage, vient me supplier de ne pas envoyer ce document à Paris. « Ne croyez pas, ajouta-t-il, que nous avons ici, comme chez vous, des communistes ennemis de la propriété; il ne s'agit dans tout cela que de contestations entre les colons de bonne foi, qui sont venus dans l'Oklahoma au jour et à l'heure fixés par le président de la République, et les individus qui, s'étant introduits par fraude avant cette époque, ont pu s'emparer par avance de certaines terres bien situées. Ce sont ceux que nous appelons généralement les *sooners*, ou gens arrivés trop tôt; l'affiche les qualifie de *Lot Jumpers*, c'est toujours la même idée. »

Cette question des *sooners* agite vivement la population depuis l'ouverture de l'Oklahoma. Au début, les *sooners*, parmi lesquels se trouvaient naturellement beaucoup des compagnons de Payne et de Couch, se croyaient sûrs d'avoir gain de cause et faisaient constater au plus vite leur prise de possession; mais les protestations arrivèrent en foule, et aujourd'hui c'est en faveur des colons de bonne foi que se tranchent les différends. On me raconte un fait curieux qui marque bien ce revirement : parmi les reporters qui s'étaient rendus dans l'Oklahoma en avril 1889, l'un deux avait eu l'idée de relever les noms d'un assez grand nombre de *sooners* installés sur des lots de ville, à Guthrie. Ceux-ci, confiants dans leur titre de premiers occupants, étaient enchantés de lui donner la publicité d'un journal et s'empressaient autour du reporter. Pourtant leurs noms ne furent pas publiés de suite, mais, quand les droits des *sooners* commencèrent à être menacés d'une façon sérieuse, le malin journaliste fit comprendre à ses clients que leur sort était entre ses mains et vendit son silence pour trente mille dollars.

Quiconque est convaincu d'avoir mérité l'épithète de *sooner* peut donc se voir dépossédé, mais il y a là une question de fait difficile à prouver; de là les nombreux litiges qui se produisent.

Un fonctionnaire du gouvernement fédéral, le *Land Office Receiver*, est chargé de recevoir les plaintes et les déclarations des colons à ce sujet; j'ai une lettre de recommandation pour lui, et je me rends le matin à son bureau.

Ce bâtiment officiel est une maison en planches à un seul étage; on entre sous une véranda et on se trouve dans une pièce assez petite, au fond de laquelle un coffre-fort occupe la place d'honneur; un poêle et quelques chaises complètent l'ameublement, avec deux ou trois tables ornées des pieds de plusieurs *Gentlemen*, qui causent et fument dans la position chère à tous les Américains. A une de ces tables se tient le *Land Office Receiver*, un grand jeune homme blond qui, la pipe aux dents, écoute les dépositions des personnes présentes, leur répond en quelques mots, reçoit leur serment, donne des signatures, le tout sans aucune solennité. Je m'avance au milieu des autres et je remets ma lettre au *receiver*. Il la lit, cause un instant avec moi et me fait asseoir en face de lui, pendant qu'il continue à examiner les affaires qui lui sont présentées.

Tous les individus que je vois défiler ainsi devant moi, une heure durant, viennent réclamer la libre possession de leur *claim*; tantôt ce sont les colons eux-mêmes qui comparaissent, tantôt un agent d'affaires délégué par eux. Les uns gardent leur chapeau sur la tête pour parler au *receiver*, les autres mettent les mains dans leurs poches; il est vrai qu'il ne s'agit encore que de formalités préparatoires.

Je demande au *receiver* si beaucoup de ces contestations ne naissent pas au sujet des lots de ville, plus enviés et plus disputés en général que les terres de culture. « Non, me dit-il, nous ne nous occupons en ce moment-ci que des *claims* de 160 acres (64 hectares) des établissements purement ruraux. Quand nous arriverons aux lots de la ville, ce sera bien autre chose ; mais pour l'instant la propriété n'en est pas fixée. — Mais alors comment se fait-il qu'on bâtisse sur un lot sans être sûr de le posséder ? J'ai vu trois maisons en pierre dans la ville, et on en construit deux autres en ce moment ; ces maisons-là ne se transportent pas ! — Non, sans doute, mais les personnes qui élèvent sur leur lot une construction en pierre sont absolument certaines de voir leur droit de propriété reconnu. Au fond, nous cherchons surtout à savoir si nous avons affaire à des colons sérieux ou à des amateurs. Tout individu qui vient ici avec l'intention arrêtée d'y créer un établissement a droit à nos sympathies, et la meilleure preuve qu'on puisse nous donner de cette intention, ce sont les améliorations (*improvements*) qu'on fait subir au lot. Aussi les prenons-nous toujours en considération. »

En parcourant la ville, je remarque une banque d'un aspect cossu, dont la tourelle aiguë tranche sur les lignes simples de l'architecture ordinaire de Guthrie, un grand bâtiment d'affaires (*business building*) à la construction duquel préside l'architecte socialiste, puis une église catholique en bois, assez vaste et très soignée. Les propriétaires de ces immeubles sont aussi assurés de les conserver que s'ils en détenaient les titres en règle. J'entre dans l'église et je trouve une Sœur bénédictine faisant la classe à plusieurs enfants, dont un certain nombre sont protestants. Elle est d'origine belge et me raconte que les Bénédictins ont dans le Territoire indien des missions déjà anciennes. C'est ce qui leur a donné l'idée de venir dans l'Oklahoma. Voilà encore une autre variété de colons.

Un Père bénédictin que je rencontre là me dit qu'il a acheté le terrain de son église et de la petite maison de bois qu'il habite à côté. « Vous voyez, ajoute-t-il, que nous considérons bien la propriété comme établie en fait, puisqu'elle fait l'objet de transactions. »

En somme, l'incertitude que comporte le droit de premier occupant a un correctif. En cas de contestation, on attribue la propriété d'un lot à celui qui, en ayant pris possession, s'y installe sérieusement et y travaille le plus ; tout le monde ne peut pas bâtir des banques ou des églises, mais on élève une petite maison de bois, on se clôt avec des barrières solides, et je vois de braves gens créer devant leur porte un potager rudimentaire, tandis que d'autres, plus soucieux de l'élégance, dessinent de petits parterres de fleurs en les entourant de boîtes de conserves défoncées.

Voilà le colon installé isolément sur un territoire nouveau ; nous avons assisté à son arrivée, mais beaucoup de mes lecteurs se demandent sans doute comment il va pouvoir exploiter et mettre en valeur la terre qu'il s'est appropriée. Pour cela il lui faut le secours du chemin de fer.

Nous avons vu tout à l'heure quelle complicité tacite s'était établie, pour l'ouverture de l'Oklahoma, entre Couch et la Compagnie de Santa-Fé. Pareille complicité règne partout, car si le chemin de fer a besoin des colons, les colons ont encore plus besoin du chemin de fer; sans lui, il leur est impossible d'écouler leurs produits et de se procurer une foule d'objets qu'ils jugent indispensables. Il faut bien se dire, en effet, que l'Américain n'est pas un paysan vivant exclusivement et directement de son domaine. Il mange des conserves de viande fabriquées à Chicago, boit du thé de Chine et du café des Antilles, porte des vêtements confectionnés en Europe ou dans les centres manufacturiers de la Nouvelle-Angleterre, chique du tabac de la Virginie et lit des journaux de partout. Tout cela il se le procure avec des dollars en expédiant au loin les produits de la terre, dont personne n'a besoin dans le voisinage où ils abondent. Le chemin de fer forme le trait d'union nécessaire à la vie des uns et des autres, et c'est par sa construction que débute toujours la mise en valeur d'un territoire. Dans l'Oklahoma, il se trouvait déjà établi, par le fait d'une situation particulière; voyons comment on s'y prend pour le créer là où il n'existe pas.

TYPES AMÉRICAINS A GUTHRIE.

## IV

### LE ROLE DES CHEMINS DE FER.

Quand nous voulons un chemin de fer en France, nous intriguons auprès des députés, des sénateurs et des ministres pour contraindre une compagnie à le construire. C'est ainsi que nos sous-préfectures les plus minuscules sont arrivées à être desservies par des lignes très onéreuses pour ceux qui les ont faites. En retour de ces charges qu'il leur impose, l'État donne aux grandes

TYPE DE PIONNIER AMÉRICAIN.

compagnies une garantie d'intérêts qui sort de la poche des contribuables, de sorte qu'en fin de compte, beaucoup de chemins de fer sont un luxe que le Français s'offre, plutôt qu'une *affaire* dans le sens ordinaire du mot.

Aux États-Unis, les choses ne se passent pas de la même manière. Une entreprise qui *ne paye pas*, c'est-à-dire qui ne donne pas de bénéfices, est aussitôt abandonnée, et elle s'écroule d'autant plus vite qu'aucun état artificiel n'est là pour la soutenir ; chacun travaille pour soi, et le gouvernement laisse aux particuliers le soin de faire des chemins de fer là où cela leur est avantageux, sans leur concéder aucun monopole et sans leur garantir aucun bénéfice.

Pour décider un tracé, on se demande donc simplement ceci : Y a-t-il de l'argent à gagner avec ce tracé ? Quand on est en face d'un pays inhabité, on tâche de se rendre compte des ressources naturelles qu'il offre, et, si l'examen est satisfaisant, on construit (1).

Mais, me direz-vous, comment trouve-t-on de l'argent pour entreprendre un travail à la fois aussi coûteux et aussi risqué ? Car, enfin, si on se trompe sur les avantages de la région que l'on veut percer, si les colons n'y viennent pas, c'est la ruine complète ?

Sans doute, mais aux États-Unis, les personnes qui construisent un chemin de fer sont en général assez riches pour faire l'affaire à trois ou quatre, de sorte que, si elles sont convaincues des avantages de l'entreprise et décidées à en courir les risques, cela suffit complètement.

En second lieu, les voies sont établies d'une manière aussi simple et aussi économique que possible. Dans l'Est, des compagnies riches et anciennes, traversant un pays très peuplé, commencent à introduire sur leurs lignes le luxe de travaux d'art auquel nous sommes habitués en France ; c'est le cas, par exemple, pour le *Pensylvania Railroad ;* mais, si on peut ainsi appliquer des bénéfices acquis à l'amélioration d'une voie ferrée, on ne compromet jamais d'avance des bénéfices éventuels en immobilisant de suite un capital important dans les frais de construction.

Ces deux points sont de la plus haute importance pour qui veut comprendre l'organisation des chemins de fer américains : ceux-ci ont, beaucoup plus que les nôtres, le caractère d'une entreprise

(1) Les conditions particulières dans lesquelles se trouvaient les Etats-Unis, par suite de l'immigration, expliquent l'entraînement des Américains à construire des routes à locomotives. L'immensité du territoire occupé et l'éloignement des centres de culture imposaient aux habitants la nécessité de travailler tout d'abord aux voies de communication, et les chemins étant peu nombreux, d'un entretien difficile, il paraissait naturel de suppléer à ce manque de routes par un outillage plus complet, permettant une circulation beaucoup plus rapide. Les villes d'Europe, depuis longtemps reliées entre elles par des chemins réguliers, devaient être moins pressées que les cités nord-américaines : celles-ci pouvaient se dispenser de la viabilité primitive pour en admettre une meilleure offerte par l'industrie moderne. Tandis qu'en Europe la voie ferrée se construit entre des cités existantes, aux Etats-Unis, elle les précède, s'avançant au loin dans les solitudes ; les emplacements des villages, des bourgs commerçants, des capitales même sont désignés d'avance par les stations, les croisements, les nœuds de convergence. E. Reclus. *Géographie universelle. L'Amérique*, p. 751. (Paris. Hachette.)

privée, et, par suite, ils doivent se suffire à eux-mêmes, il faut *qu'ils payent.*

Pour cela, il est nécessaire de transformer les solitudes qu'ils traversent en terres habitées et exploitées (1). Les créateurs d'un chemin de fer dans l'Ouest n'ont donc accompli qu'une partie de leur tâche quand ils en ont mené à bien la construction.

Presque toujours, l'État, possesseur de terres vacantes, concède gratuitement aux compagnies qui se fondent une certaine quantité de terrain sur le bord de leurs lignes. Le sol est entièrement divisé en sections d'un mille carré (256 hectares), et on donne aux compagnies une section sur deux à prendre, par exemple, au nord de telle ligne, entre tel et tel point. De la sorte, elles sont intéressées sur un long espace à l'occupation prompte des terres et peuvent la favoriser par les moyens qu'elles jugent convenables. C'est un encouragement que leur donnent les pouvoirs publics en retour de l'œuvre de bien public qu'elles entreprennent; mais cet encouragement n'a d'efficacité qu'autant que les compagnies sont sérieusement organisées et savent attirer des colons sur ces sections sans valeur par elles-mêmes.

Aussi, dans l'Ouest, tout chemin de fer bien mené fait-il en faveur de la contrée qu'il traverse une réclame des mieux senties. En voici un exemple emprunté au *Great Northern;* je traduis littéralement:

## TERRES LIBRES DU MONTANA

Installations à proximité des chemins de fer et des marchés.

Bonnes occasions pour élever des chevaux, du bétail, des moutons et des porcs; pour cultiver les céréales et les racines; pour extraire les métaux précieux, et pour vivre dans la partie la plus saine du continent.

Le Montana est un grand État, plus grand que tous ceux de la Nouvelle-Angleterre, cent fois aussi grand que l'Ohio, et moitié plus grand que le

(1) Le premier chemin de fer américain fut inauguré en 1831, dans l'Etat de New-York, sur les rives de l'Hudson, où 24 ans plus tôt on avait vu passer le premier bateau à vapeur conduit par Fulton lui-même. Cette ligne avait 16 milles de long (environ 26 kilomètres). En 1894, les Etats-Unis possèdent 286,000 kilomètres de chemin de fer en exploitation, près de la moitié de la somme totale des lignes du monde entier (qui est de 600,000 kilomètres). De 1870 à 1873, une véritable fièvre s'était emparée des Américains pour la construction des voies ferrées; en trois ans, ils en établirent 31,000 kilomètres. Une effroyable débâcle suivit ces entreprises périlleuses : les actions du chemin de fer de l'Erié, qui étaient montées à 126 dollars, tombèrent à 17, grâce aux manœuvres frauduleuses, au banditisme financier des directeurs et administrateurs. Un de ces agisseurs, James Fiock, d'abord colporteur, puis fournisseur des armées, puis banquier, avait fait construire à ses frais un opéra et y avait transporté ses bureaux; il avait aussi acheté un régiment de la milice et s'en était fait nommer colonel; il étonnait New-York de ses folies. On évalue à 55 milliards de francs le capital représenté par les chemins de fer americains; ils occupent plus de 700,000 employés. (Lanier, *Lectures et analyses de géographie. L'Amérique*, p. 242. Paris, Belin frères.)

grand État de Minnesota. Le diagramme suivant des étendues comparatives donnera au lecteur, mieux que de simples paroles, l'idée de l'immensité de cette nouvelle et grandissante république.

*Superficie.* — Montana. . . . . . . ————————————————
Minnesota. . . . . . ——————————
Ohio. . . . . . . . . . ————
Massachusetts. . . . ——

*Population* — Pour la population, le contraste est tout au rebours : le Montana a 160,000 habitants; l'Ohio en a 4,000,000.

Montana . —
Ohio. . . . ————————————————————————————

Cela met bien en évidence qu'il y a place au Montana pour plus de gens, pour des millions de gens.

UNE PETITE GARE DU FAR-WEST.

La *Grande Réserve,* récemment ouverte à la colonisation, est aussi vaste que l'État de l'Ohio lui-même et renferme 18 millions d'acres (7,200,000 hectares) à choisir pour y établir des *homes* indépendants, sous la bienveillante législation fédérale des terres. Le *Great Northern Railway* n'en possède aucune dans cette région. Le seul bénéfice qu'il puisse retirer du peuplement de la contrée, c'est le transport des voyageurs et des marchandises, telles que métaux, charbon de terre, laine, grains, bétail, chevaux et moutons.

*Bétail, chevaux et moutons.* — Avec ses 160,000 habitants, le Montana est une des plus riches contrées du globe. Il a tout ce qui fait de l'argent (*sic*). Pour montrer comment les cultivateurs et les éleveurs acquièrent la richesse, disons que le gouvernement estime à 5 millions de têtes le nombre total des chevaux, des bêtes à cornes et des moutons. Cela fait en moyenne un troupeau de 32 têtes pour chaque habitant de l'État, homme, femme ou enfant. Les 4 millions de citoyens de l'Ohio n'en possèdent guère plus à eux tous.

Suit une description dans le même style des ressources minières, agricoles, maraîchères, fruitières, etc., puis un article sur le climat et la salubrité, dans lequel il est démontré que la seule profession peu lucrative au Montana est celle de médecin ; enfin un paragraphe lyrique sur la *Crème de la terre*, sorte de Terre promise située dans les vallées du haut Missouri et de la rivière de Lait. Après cela, il n'y a plus qu'à dire un mot des principales villes et à donner son adresse, ce que le prospectus n'a garde d'oublier.

Ces réclames constituent aux États-Unis une branche importante de la littérature, et on les trouve partout, en wagon, à l'hôtel, dans

LA COMMERCIAL BANK (BANQUE DE COMMERCE).
UNE DES MAISONS DE PIERRE DE GUTHRIE.

les journaux ; j'en ai cité une au hasard, mais toutes les lignes traversant des contrées nouvelles en font de semblables. J'ai sous les yeux l'indicateur de la Compagnie *Chicago Milwaukee and St-Paul*. Il se compose d'une grande feuille de $1^{m},05$ sur $0^{m},40$ ; tout un côté est consacré à une carte des États-Unis ; l'autre est partagé en deux parties à peu près égales : la première, où se trouvent les heures des trains, la seconde, remplie des louanges les plus américaines à l'adresse des seize États ou Territoires que rencontre sur son passage le *Chicago Milwaukee and St-Paul Railway ;* je laisse à penser les frais d'imagination qu'il a fallu faire pour varier les épithètes laudatives, sans nuire au caractère superlatif de chacune d'elles.

On ne peut reprocher d'ailleurs à ces renseignements que l'exagération de leur bienveillance; au fond, ils sont vrais et d'une portée pratique. C'est l'intérêt du colon et par conséquent du chemin de fer de savoir qu'à tel endroit le sol est argileux, à tel autre calcaire; qu'il est couvert de forêts ou de pâturages, etc. Tout cela est indiqué avec précision.

Mais la réclame par prospectus, quelque habilement qu'elle soit faite, ne persuade pas tout le monde; il faut, pour attirer les colons, des preuves plus sérieuses, et les créateurs d'un chemin de fer les leur donnent ordinairement en faisant exploiter eux-mêmes une partie des terres dont ils vantent les avantages sur le papier.

Rien ne montre mieux l'union étroite qui existe entre la construction d'un chemin de fer et l'exploitation du territoire qu'il traverse que cette obligation où se trouvent les capitalistes, après avoir établi une ligne, de se transformer en agriculteurs, en éleveurs, en mineurs, pour donner l'exemple aux autres et faire prospérer la contrée qu'ils ont ouverte.

Cette transformation ou plutôt cette accumulation d'occupations diverses rentre d'ailleurs, nous l'avons vu, dans le caractère américain, et il ne faut jamais s'étonner d'entendre un banquier assis derrière sa grille, ou un épicier à son comptoir, disserter en connaissance de cause sur les avantages du bétail *Shorthorn* comparés à ceux du *Hereford*, sur la qualité des blés ou sur la meilleure manière d'engraisser les porcs; ce banquier ou cet épicier ont été ou sont encore des agriculteurs, et demain, peut-être, c'est à leur ferme que vous irez les voir.

## IV

### POURQUOI L'ON CRÉE LES VILLES DE L'OUEST.

L'Ouest est essentiellement rural, mais rural à la manière américaine, très différente de la manière européenne. Le colon n'est pas un paysan; il se nourrit, se vêt ou se meuble en achetant sa viande, sa farine, sa chemise de flanelle ou son *rocking-chair*, non en mangeant le blé qu'il a fait pousser, en portant la laine de ses moutons, ou en confectionnant lui-même, pendant les longues soirées d'hiver, sa chaise de paille ou son banc grossier. Pour construire sa maison, le colon de la vallée du Mississipi achète au *lumber-yard* (dépôt de bois) des planches, des solives coupées et façonnées à des centaines de lieues, car sa terre, nue comme la main, ne lui produit aucun arbre; le paysan arrache sa pierre dans un champ voisin et abat les chênes de ses haies. Pour se chauffer, le premier achète le charbon d'une mine éloignée et le brûle dans un poêle en fonte fabriqué dans les fonderies de la Pensylvanie; le second jette dans l'âtre de pierre le fagot qu'il a coupé. Pour cultiver, le premier emploie des machines d'une construction difficile sorties de grandes manufactures; le second fabrique la plupart de ses outils avec le concours du forgeron voisin et regrette les cents sous qu'il donne pour remettre des dents à une vieille herse et réparer une vieille charrue.

Le commerce trouve donc une clientèle très nombreuse dans les campagnes du Far-West et très restreinte dans la plupart des campagnes européennes; dans le Nord, tout le monde achète, dans les autres, c'est l'exception. De plus, la clientèle américaine offre un autre avantage : non seulement elle est nombreuse, mais elle achète beaucoup, elle dépense follement.

Elle se compose en effet de deux genres de colons qui ne sont portés ni l'un ni l'autre à ménager leur argent, les premiers parce qu'ils en gagnent rapidement, qu'ils sont bien, comme on dit en Amérique, et ne se privent pas; les seconds, parce qu'ils sont imprévoyants et se laissent tenter par tout ce qu'ils voient. L'émigrant qui a réussi ne se refuse pas un buggy neuf, une paire de chevaux fins ou un meuble pour son salon; celui qui est obligé de quitter son *homestead* le quitte à cause de ses dettes, c'est-à-dire parce qu'il a trop acheté; tous les deux font marcher le commerce. C'est peut-être même sur le second qu'on réalise les meilleurs bénéfices; le marchand de chevaux qui vend 2,000 francs l'attelage qu'il a payé lui-même la moitié de ce prix trouve certainement que le colon pauvre a du bon. Celui qui le paye comptant alimente ses fonds de roulement, mais celui qui lui demande du crédit l'enrichit.

Pour servir cette clientèle remarquable, le commerce accourt dans les petites villes, ou plutôt il les crée. Aux environs de la gare, deux ou trois magasins s'élèvent entre une banque et un hôtel; on trace au cordeau, sur le sol de la prairie, une large voie que l'on décore du nom de *Main Street* (Grande Rue), et les États-Unis comptent une cité de plus.

Cette dénomination ambitieuse fait sourire le voyageur qui descend de son wagon pour tomber dans la boue épaisse des rues, et qui se hâte de gagner, à travers de véritables ornières, le trottoir en planches le plus voisin. L'idée de trouver une marchande de modes, un photographe ou un magasin de nouveautés sur le bord de ce mauvais chemin de traverse lui paraît d'abord étrange, et il se demande ce qu'on peut bien vendre dans un endroit pareil. J'ai éprouvé maintes fois cette impression en arrivant dans les petits villages de l'Ouest, mais chaque fois j'ai constaté que le commerce y avait une activité dont beaucoup de sous-préfectures françaises pourraient être jalouses.

J'ai parlé de *lumber-yard*. C'est un des premiers approvisionnements que réclame la clientèle; lors même que la pierre abonde dans le pays, on bâtit presque toujours en planches; cela coûte moins cher et surtout va plus vite, grosse considération pour un Américain en général et pour un colon de l'Ouest en particulier. J'ai vu dans le Kansas une série de petites villes établies au pied d'une ondulation de terrain qui renferme d'excellentes carrières; cependant, presque toutes les maisons étaient faites de planches de sapin venues de l'Illinois ou du Wisconsin. A Florence, par exemple, l'une de ces petites villes, la banque, l'école publique et l'opéra — car il y a un opéra dans ce bourg d'un millier d'habitants — avaient seuls des murs en pierre.

Paul DE ROUSIERS.

TÊTE DE BUFFLE.

www.ingramcontent.com/pod-product-compliance
Ingram Content Group UK Ltd.
Pitfield, Milton Keynes, MK11 3LW, UK
UKHW020224200726
13856UKWH00004B/1599